옷을 벗는 여자는 울지 않는다

이순희 제4 시집

시인의 말

　충절의 고장 충주에서 능금이 익어가는 계절, 기암절벽 아래 옛 상처 잊고 유유히 흐르는 남한강줄기 따라 둘레길로 올랐습니다.
　가슴이 뻥 뚫린 정상, 신립 장군 애달고 슬픈 사연 살아 있는 탄금대, 우륵의 가야금연주 들리는 탄금정에서 시심(詩心)을 괴춤에서 털어놓았습니다.

　사업 실패 후, 얼굴을 감추고 표정을 들키지 않게 항상 웃는 낯으로 살아온 나날들, 『옷을 벗는 여자는 울지 않는다』 시집을 내면서 민낯으로 선다는 것이 왠지 허락하지 않았시유.
　허지만 비바람 맞지 않고 사는 사람 어디 있을까, 생각허구 용기를 내어 꽁꽁 묶어두었던 자존심 풀었시유.
　그리구 힘들 때마다 일기처럼 써놓은 시작 노트를 조심조심 독자들 앞으로 선보였네유.
　정말 힘들었시유.
　이번 『옷을 벗는 여자는 울지 않는다』 시집을 정리하며 또 그때가 생각나면서 잘 참았다 잘 견디었다고 자신을 제일 칭찬 허구 싶은 것은 목숨을 버리지 않았구, 가정을 깨지 않았다는 점이네유,

나의 신조랄까유 아무리 힘들어두 친인척에게 손 빌리지 않구 남의 돈 안 쓰구 가정 깨는 일은 없어야 한다는 신조로 살았거든유. 그러기에 현재 이 시간 떳떳허구 자유롭네유.

재물은 놓쳤지만, 건강이 있으니게 건강이 허락하는 한 앞으로 노년의 길 냄편과 무지개 어깨동무허구 황혼길 걸어갈래유.

옷을 벗는 여자 시집을 읽으시는 독자님 중에도 저와 같이 힘든 고비 겪으신 분들 많으시리라 믿어유.

그러기에 그런 독자분들을 생각해서라도 숨길 일이 아니기에 자신이 있게 출판했으니 나무라지 마시고 너그럽게 읽어주시면 고맙겠습니다.

2023년 충주에서 모든 독자분 가정 건강과 행운을 기원하며 고개숙여 인사 올립니다

목차

2 ······ 시인의 말

1부

11 ······ 공장현장
12 ······ 앞산
13 ······ 인생 역마차
14 ······ 회사 주차장
15 ······ 중소기업
16 ······ 기숙사
17 ······ 내 인생 종착역 인감도장 찍으련다
18 ······ 그곳
19 ······ 몸살 난 기계들
20 ······ 허울 좋은 20년 길
21 ······ 자정을 울리는 달
22 ······ 곡간
23 ······ 움츠린 사업
24 ······ 이대로만 정지해다오
25 ······ 내 심정
26 ······ 파도야 말 좀 해다오
27 ······ 원망하지 않으리
28 ······ 안양은 흐르는가
29 ······ 인생길
30 ······ 꼭 잊어야 한다면
31 ······ 의망의 쉼터
32 ······ 어~화 둥실

2부

35 ······ 앵두나무
36 ······ 간직하련다
37 ······ 나 그렇게 헛살지 않았구나
38 ······ 공든탑은 무너지지 않는다
39 ······ 일장춘몽 아니기를
40 ······ 언덕배기 고갯길
41 ······ 부부
42 ······ 소중한 추억이 될 외국인들
43 ······ 시골 새벽 공기
44 ······ 기다릴래요
45 ······ 비망록
46 ······ 쓸쓸한 찔레꽃
47 ······ 무슨 말인가 하고 싶은데
48 ······ 장독군과 아리양
50 ······ 꼭 한 번만
51 ······ 늘그막 인생길
52 ······ 백지장
53 ······ 선인장 보내던 날
54 ······ 006 체어맨을 보내며
56 ······ 누구를 원망하리오
57 ······ 꽃피는 선인장
58 ······ 아쉬움만 더해가네
59 ······ 되돌릴 수 없을까
60 ······ 사무실 앞 향나무
61 ······ 가슴에 피는 그리움
62 ······ 설날 아침

3부

65 ······ 지울 수 없는 오타
66 ······ 2012년 한 해를 보내면서
68 ······ 꼭 가리다
69 ······ 메일로 보내는 편지
70 ······ 백설 꽃 승차권
71 ······ 헤어져야 하나
72 ······ 꿈속의 그 둥지
73 ······ 2012년 첫눈 오는 날
74 ······ 비 오는 날에
75 ······ 여름 이야기
76 ······ 살점 같은 내 집
77 ······ 꿈이라면 깨고 싶다
78 ······ 이사 가던 날
80 ······ 법원 주차장에서
81 ······ 영영
82 ······ 눈물로 얼룩진 이삿짐
83 ······ 왜 그랬어
84 ······ 꼬끼오
85 ······ 누구를 위해 종을 울렸나
86 ······ 가연 주인이 되고 싶다
87 ······ 고운 꿈꾸라 하네
88 ······ 내가 가야할 길이 아니던가

4부

91 ······ 어디서 잘못 되었나
92 ······ 되돌아보면 안 되겠지
93 ······ 두고 온 집
94 ······ 산비둘기
95 ······ 마음을 하얗게 비우자
96 ······ 그 집이 내 집이야
98 ······ 어떻게 헤어날까
99 ······ 손 모아 기도한다
100 ······ 구름아 너는 알지
101 ······ 새벽길
102 ······ 봄비가 후두둑 떨어집니다
103 ······ 삶의 언덕빼기
104 ······ 마지막 단추는
105 ······ 보금자리
106 ······ 사업하면서
108 ······ 가연 개나리 목련
109 ······ 회사 문 닫던 날
110 ······ 기계 끄던 날
111 ······ 그대 고운 눈빛
112 ······ 살구나무
113 ······ 내 갈 곳은 어데메요
114 ······ 기찻길 옆 민들레

5부

117 ····· 운명
118 ····· 노후대책 보험
119 ····· 도깨비 인생
120 ····· 수리사 가는 길
121 ····· 품속 비집고 들어오는 가을
122 ····· 가벼운 미풍이라 생각할래요
123 ····· 집 없는 고양이
124 ····· 황혼 수레길
125 ····· 보금자리 떠나던 날
126 ····· 오금저리는 심정
127 ····· 괘종시계
128 ····· 아픔일까 번뇌일까
129 ····· 마음 비우기 왜 이리 힘드나
130 ····· 가슴속 대못
131 ····· 아파트 지나서 왔네
132 ····· 풍선
133 ····· 창이 그립다
134 ····· 참새와 술래잡기
135 ····· 2014 가을 수확
136 ····· 들국화
137 ····· 보고프고 그리워
138 ····· 섣달그믐
139 ····· 충주로 이사 오던 날

1부

공장 현장

파마머리 뽀글뽀글 몸빼 맨주먹 맨발로
앞만 보고 달려와 내 터에 공장 세워
웅장한 기계 놓고 명주실 뽑아낼 때

공장 안 기계 소리 타인이 들으면 소음이요
내 귀에는 바리톤 소프라노 피아노
연주에 비할까 한결 같은 높낮이

동국가연 희망가요 나라 경제 으뜸일세
어기여차 희망 싣고 앞만 보고 달려가자

앞산

유난히도 탁 트인 거실 눈만 뜨면 멀리 보이는 모락산
사계절을 뚜렷한 병풍으로 그려진 산봉우리
깊은 정들어 눈감아도 보이는데 어느 때인가 띠 두른 듯
고가다리 놓여 많은 사연 싣고 달리는 자동차들

거대하게 버티는 모락산
축구공보다 작은 사람 머리
열 손가락에 무너지고 잘려 평지에서 고층 건물로 변했다
정겨운 자연이 허물어져 거실에서 볼 수 없는 현실
한적한 시간 창가에 기대어 먼 산 바라보는 시점을 놓친다

1999년 4월 16일 한참 공사 중인 모락산 봉우리

인생 역마차

인생 역마차 달리는 길 오직 한 우물만 팠기에
돌 더미 자갈이 나와도 펄 흙과 황토물이 나와도
힘들면 힘든 대로 그 안에 나를 가두고 살면서

돌 더미를 금 더미로 자갈을 은가루로 다듬고
펄 흙을 찰흙으로 황토물을 정화수井華水로 걸러내며
숨 가쁘게 달려와 뒤돌아본 지난 세월

울다가 웃는 날이 많았기에 난공불락 헤쳐 가며
순간순간 지혜롭게 이겨나갈 수 있었는데
노을은 서산에 걸리고 무지갯빛 피기도 전에

공든 탑 무너지는 아찔한 순간이지만
어둠 속 헤매는 현실 인내와 노력으로
희망 실은 역마차는 어둠을 뚫고 달릴 것이다

2001년 월 18일

회사 주차장

귓불을 간질이는 싸락눈 머그잔에 가득 담아
케케묵은 마음속에 새긴 주차장
바람도 아닌 것이 옷깃을 여미게 하는
흰 눈으로 포장된 한적하고 조용한 회사

평온한 주차장 뿌연 하늘 내려앉은 오전
참새들과 두런두런 텅 빈 마음 달래보는 오후
차선이 그려진 회사 마당 주차장이지만
철마다 갈아입는 옷이 있다

여름에는 빨간 옷
가을에는 오밀조밀 콩 깨 조 수수
고소한 냄새가 풍성한 회사 주차장
경비 아저씨 노력이 보이는 회사 마당

중소기업

산천을 울리네 허리띠 졸라매고 앞만 보며
달려온 중소기업 어디서 잘못되었나
한숨 소리 메아리 치고 대책 없이 문 닫는 소리
중소기업 사장님들 가슴이 무너지네

꿈이라면 좋으련만 꿈도 아닌 현실일세
난 어쩌란 말인가 너희들 내 회사 기숙사 맞아
왜 그리 조용하니 현장 기계 소리
우물 탱크 모터 소리 기숙사 보일러 소리
한 조 되어 화음 이루더니 이다지도 조용한가
어이하여 여기까지 왔는지 이 고비를 어떻게 하면
넘어갈 수 있을까 다시 한번 힘을 내어
손잡아 달라 애원하고 매달려보지만
뚜렷한 대책 없으니 난 어쩌란 말이냐

기숙사

이층 열다섯 삼층 열다섯 삼십 칸 기숙사가 모자라
한방에 같은 나라 사람들 네다섯 명씩 함께 쓰던 방
첨단 기계화에 인원수 줄고 어지러운 나라 정세

무지막지한 세금 공세 거래처 공장들이 군데군데 문닫고
내 회사 일거리 줄어 부분 휴업에 기숙사 빈방뿐이다
잠긴 빈방 열어보니
헝클어진 세간들과 바퀴벌레 운동장이네

내 인생 종착역 인감도장 찍으련다

살아오며 사소한 것에 기쁨 찾고
험준한 현실 억누르며 내면에 사랑 심고
욕심 없이 살자고 발버둥을 친 육천 마디
돌이켜 보니 눈시울 붉혀지는 허허로움
옥죄는 가슴으로 잡았다 놓쳐버린 보석

누구나 자기 고통이 가장 아프듯
나보다 더 아픈 사람 있을까
주저앉고 싶은 마음 인내하며
시야가 흐려지는 순간이지만

굵은 마디 좁혀져도 마디마디 육천 마디
저려 오는 현실 앞에 부끄럽지 않게
최선을 다해 살며
헤쳐와보니 건실한 자손에
가슴으로 낳은 딸 얻음이요

알고 보니 내생에 가장 큰 보물이기에
내 인생 종착역에 인감도장 찍으련다

2001년 9월 7일 안양에서

그곳

커피 자판기 앞 다국적 직원들 모여앉아 동전 백 원에
커피향 담아 피곤한 넋두리 깔아놓던 휴게실
이십 년을 하루 같이 목청 높여 부르는 자장가 몸살일까
넓은 현장에 우두커니 서서 악보만 보고 구석구석 쌓여있는 먼지
미세한 바람에도 중심 못 잡고 힘없이 입 벌리고 서있는 정문
인기척 없는 적막함 다시 가서는 안 될 곳
자나 깨나 아련히 떠오르는 그곳 보고 싶어 달려가니
넓은 주차장 쓰레기가 산더미 땀흘려 가꾸어놓은 농작물
주인 기다리는 애처로운 모습으로
누렇게 익어가는 가을 향 마음을 애타게 하는구나

몸살 난 기계들

이십오 년 하루 같이
목청 높여 부르던 자장가
넓은 현장에 우두커니 서서
악보만 보고 있네

현장에 들어가면 기계 소리
고막이 터질 것 같아도 자장가로 들렸건만
곳곳에 멈추어 선 기계가 가슴 아리다

허울 좋은 20년 길

허울 좋은 20년 길 온몸으로 밀고 당겨
쇠고리 잡은 손 군더더기 못이 되었다
무릎 나사 조여가며 별천지 그렸다
거친 숨 몰아쉬어 내딛는 발 사뿐히
일머리에 청춘 싣고 원사 가공 생산 공장
제자리 그네 인생 손해도 이익도 없는
가공 사업 실패인가 성공인가
보이지 않는 욕심 멀어지는 바람 소리

한여름 장대비 내 마음 아는 듯 오금 저리는
식은 땀 말끔히 씻어주는구나

자정을 울리는 달

한아름 비를 앞세우고 밤안개 헤치며
자정 넘어 기웃기웃 눈치만 살피는
초승달

보일락 말락 처녀 가슴 드러내기 쑥스러워
뽀얀 마음 감추고 청명한 달빛 숨겨놓은
보름달

무슨 사연 그리 많아 먹구름 속에
잿빛 한숨 내쉬며 억수 같은 피눈물 흘리는
그믐달

돌아보면 굽이굽이 고운 달밤도 많았으련만
달빛 뒤에 감추어둔 행복
휘청거리는 검은 그림자

차라리 비라도 내려 모조리 쓸어버리고
맑은 보름달로 떠올라 아름다운 밤이길
기도합니다

곡간

수천수만 개의 베어링 돌아가는 요란한 기계소리
현장 처음 들어오는 사람들은 베어링 소리 시끄럽다
놀라지만 나는 돌아가는 저 소리가 잠시라도
작아지면 어디가 아픈가? 고장이 아닌가 걱정이 앞선다

허리가 잘리는 줄 모르고 일구어온 사업 수 많은 직원들
의식주 책임져온 기계 건강하고 평화롭게 영원히
돌아가기를 기원하며 베어링 소리 크면 클수록
곡간의 희망이 무지갯빛으로 밝는다

움츠린 사업

현재 내가 말 못하는 이 고통은 부처님 사랑의 매
가슴 내려앉는 아픔은 부처님 훈계의 질타

어두운 밤 헤매는 내 마음 태어나 빌려 쓰는 인생
묵묵히 견디고 소박한 마음으로 부처님의 날카로운 시선

자애로운 스킨십으로 알고 아주 멋진 환희의 파노라마가
펼쳐지는 사업
돌아오는 그날을 참고 견디겠습니다

이대로만 정지해다오

되돌아보면 모두가 새록새록
산다는 것이 풀지 못하는
수수께끼가 아니던가

부질없는 욕심 토굴 속에 묻어놓고
잡아두지 못했던 아쉬움 후회한들 무엇하리
요대로만 정지해다오

밤하늘에 별들 전봇대에 매달린 듯
달 없는 밤에 영롱하게 빛나고
오밀조밀 모여 구석까지 내려다보고

수다 총총한 별 올려다보고 소원을 빌며
어차피 돌아갈 수 없는 인생
더도 덜도 말고 이대로만 정지해달라고,

내 심정

꺼내어도 파내어도 줄어들 줄 모르던
빈자리 채워주는 의지의 버팀목
노력하면 행복이 기쁨이 내 앞에서 머물기에
참된 행복을 누릴 수 있기에
일찍 나는 새가 더 멀리 난다기에

게으름뱅이가 아닌 말 보다는 행동을
수확의 기쁨을 가슴으로 채우려고
새벽이슬 마다치 않고 신뢰와 용기로
밝고 맑게 살아가며 너무 튀지 않는 빛깔로
작은 것에 만족하며 살고 싶은 이내 심정

파도야 말 좀 해다오

높고 낮은 파도 속에 끊임없이 마음 고르며
앞만 보고 헤쳐온 길 숨이 차고 버거워도

소중한 현실 회오리바람 불어와도
거친 파도 노 저어 힘차게 달려왔는데

저 하늘 먹구름에 소나기 들어있나
햇빛을 비추기 위한 몸부림인가
파도야 말 좀 해다오

2010년 1월 20일 사업이 너무 힘들어

원망하지 않으리

지금 힘내야 할 시간 창문 열고 파란 하늘
바라보며 주어진 몫 참아가며 실망은 말자

누구도 대신해주지 않는 일 참고 견디다 보면
머지않아 파란 하늘빛 열리겠지

원망하거나 돌아보지 말자 성장하기 위한 홍역
맑은 밤공기 크게 마시며 힘내자

딛고 건너야 할 과정 아닌가 시간 흐른 후
언젠가는 웃으며 추억할 날이 오겠지

땀방울 씻어줄 시원한 바람 두 팔로 안아보자
백 년도 못사는 세상 누구누구 원망 말고

여백 없이 살아온 삶이라 할지라도 헛되진
않았노라고 후회 없이 아름답게 살아가리

안양은 흐르는가

괴춤에 아롱이다롱이 탐, 진, 치 그득한데
그를 위한 수고의 날들 하루가 천년이라

가슴에 묻은 피의 멍 찬란한 그 흔적으로
닿지 못할 하늘의 영가는 안양천에 흐르는가

인생길

외로운 인생길 허리춤 조여 쌓아올린
빈 가슴 채워주던 청춘의 길
가시밭 넝쿨 숲 사이 산 너머너머
모진 세월 등에 업고 실어오는 바람 숨결
보일 듯 말 듯 피었다 지는 초저녁 별 꽃다발

걸어온 징검다리 숫자만큼만 건널 수 있다면
잠시 쉬었다 가는 인생길
모진 바람 앞세우고 기꺼이 뛰어가 보지만

가도 가도 보이지 않는 그 길 안갯속 비집고
헤쳐나가 허탈함으로 앞뒤 돌아보는데
서산에 걸린 희미한 바닷길 노을

속절없이 다가오는 황혼길 내리막
빈 가슴 인화한 오직 하나인 향기는
아쉬움 발목 잡는 평생 살아온 육신
아픔일까 번뇌일까 쌓이는 그리움

너무도 많이 써버린 세월 누굴 탓하랴
한발 한발 내디딘 잊지 못할 사연들
멀어진 서글픔만 쌓여 왔다가는
인생길

꼭 잊어야 한다면

나와 너 마주한 아기자기한 꿈
훈훈한 정 너무도 아까워
치마폭에 둘둘 말아 간직하려 했건만
바람에 구름 가듯 향기마저 싣고 가네

돌돌 말려 구겨진 추억 지우려 하면
어깨 시린 생채기는 덮이지 않는 야심한 밤
뜬눈으로 지새우며 노년에 깊은 곳에 파고드는
이 아픔 예측(豫測)이나 했으랴

꿈아 꿈아 하루속히 어둠에서 벗어나
석양에 비친 노을 아름답게 지기를
두 손 모아 기도하며 잊어야한다면
눈물을 머금고 잊겠노라고

희망의 쉼터

마음이 울적하면 머그잔에 진한 커피
가득 담아 미소로 반주하며
창가 내리는 그 빛줄기 끌어안고
복잡한 마음 달래본다

정열적인 입맞춤으로 찾아온 사업
아침을 열어주는 공장 현장
언제나 쉬어갈 수 있는
든든한 희망의 쉼터

현장에 잠자고 있는 기계들
외출하고 못 돌아오는 기계들
홍역 치르고 있는 직원들
오금 저리는 마음 비 개인 그날

나의 영원한 사업장으로
남아있길 손 모아 기원한다

어~화 둥실

동트면 날아드는 참새들 합창
아침부터 해질 때까지 뻐꾸기 독창
전깃줄에 화음 이루는 산비둘기 부부
밤에만 노래하는 소쩍새 아름다운 고음
자연이 좋다 ㅇㅇ가연 터가 좋아라

오밀조밀 가꾸는 채소 야채 잡곡들
공장 텃밭에서 자라는 모두가 무공해
천연 식품 웰빙이 내 직원들 건강 제공
자연이 좋아라 ㅇㅇ가연 터가 좋아라

어화 둥실 ㅇㅇ가연 두리둥실 ㅇㅇ가연
밝은 태양 떠오른다 두 눈으로 안아보자
가슴으로 품어보자 어화 둥실 두리둥실

2부

앵두나무

사무실 앞 앵두나무 세 그루
공장 짓고 친구에게 받은 선물
봄이 되면 내 마음 설레게 하는

가지마다 줄기마다 휘영청 늘어진 꽃망울
발그래 물든 앵두 주옥같은 소중한 시간
헛될세라 조심조심 다듬어 꽃목걸이 만들어
동국가연 정문에 걸어놔야지

힘들고 지친 가연(假撚) 봄만 되면 힘내라고
희망을 심어주려 알알이 여문 앵두
광주리에 가득 담아 현장에 풀어놓고
가연 실에 꿰어 직원들 목에 걸어줘야지

2010년 6월 14일 평택에서

간직하련다

바짝 움츠리고 있는
태양과 구름 싸움에
어둠 속에 떠오른
애처로운 달과 별
밤하늘에 무수한 편지
소중한 사연
사부작사부작
저 하늘에 담으련다

숨차게 달려온 뽀얀 입김
그 언젠가 향기로운 흔적
고스란히 담아
세월 가도 잊혀 지지 않게
무언의 약속 가연 사업 간직하리라

나 그렇게 헛살지 않았구나

아린 속 아린 상처 꿈에서도 아리더라
쓰린 속 쓰린 상처 꿈에서도 쓰리더라

인생 왔다 가는 길 모두가 야속한 심정
발버둥쳐 지나온 길 알고 보니 원점이네

설레는 마음 살아볼 만한 세상이라
생각했는데 흔들려 쓰러지고 넘어져

마디마디 상처에 피멍투성이
인생사 고락(苦樂) 꽃이 피어

산 넘고 물 건너 헤쳐와 보니 건실한 자손
가슴으로 낳은 딸 얻음이 가장 큰 보물인 것을

인제 와서 세어보는 육십갑자여
넝쿨손 휘감겨 오는 잔정의 뭇매여

아 아 나
그렇게 헛살지 않았구나

2010년 7월 22일

공든 탑은 무너지지 않는다

오늘도 어두운 현실을 위장하고 밝게 살려고
어제 같은 날이 아니기를 바라는
옛날로 돌아가 홀가분한 그날이 오겠지
하는 욕심

기름진 길 돌고 돌아 찾아온 내 삶
오늘 땀 흘린 땀방울 지키려 한 것이 욕심이었나
공든 탑은 무너지지
않는다는 것을
나는 안다

일장춘몽 아니기를

건너보지 않은 강 깊은 줄 모르고
올라서 보지 않은 산 악산일 줄 몰랐네
노력하면 언제나 아름답겠지 당당하게 살아온 오늘

잘못 두드린 계산기 되돌릴 순 없을까
뒤엉킨 실타래 풀어낼 순 없을까
늘어나는 빚더미 늘어나는 주름살 늘어나는 흰 머리
작아진 모습 낮아진 음성 얇아진 주머니

불같던 성깔 원리원칙 고집
신용이 좌우명 천하를 호령하던
노을빛 무지개
일장춘몽 아니기를

언덕배기 고갯길

포근한 보금자리 찾아 헤맬 땐
가진 것 없어도 온 세상이 내 것인 양
재래식 화장실에 우산 가리고 볼일 봐도
어느 궁전 부럽지 않았다

무수한 밤 총알처럼 떨어지던 별똥별
풀벌레 울음소리 귀기울이던 날
가진 것 없어도 마음은 풍족했고
가연 기계 소리
공장에 밝히던 화려했던 그 시절

수많은 직원 보듬고 달래가며
발버둥치고 안간힘 다해서
숨 가쁘게 일구어온 사업
알고 보니 어리석은 판단
부질없는 욕심

돌아보면 굽이굽이 아름다운 추억들
경제적 힘 좌우할 수 있는 일이라면
건강이 허락하는 날까지 희망을 놓지 않고
사력을 다해 노력하리라

부부

인적 드문 시골 밤길
나 하나 너 둘 한 마음 담아
일심불란一心不亂 걸어온
부부
어두운 곳에서 밝은 곳에서
자기 일 묵묵히 맨주먹 맨발로
오직 한 길 바라본
부부
무엇을 위해서 누구를 위해서
또 남은 것은 무엇이란 말인가!

소중한 추억이 될 외국인들

진실한 삶을 살아가며 내게 힘을 주는
아름다운 사람들이 곁에 있어요
내 품에 머물러주는 소중한 인연
먼 훗날 아름다운 추억을 지금
따끈따끈 심고 있어요

박스가 산더미로 쌓인 후미진 현장 모퉁이
웅크리고 앉아 잠이든 야근 근로자
행여나 잠 깨울까 조용히 다가가
겉옷 벗어 살그머니 덮어주고
까금발로 살금살금 뒤돌아 나오는데
쩝쩝 콧등 문지르며 찡긋찡긋 웃고 있다

언어와 피부는 다르지만
그들을 사랑하는 만큼 성실하게 일하며
힘든일 마다 않고 몸으로 실천하는
까만 피부 검고 큰 눈망울 외국인 근로자들

시골 새벽 공기

구름 한 점 없는 가을 하늘
속삭이는 별들 창 너머로
꺼내어 보았습니다

혼자 보기엔 너무나 버거워서
바라볼 수 없어 조심조심 걷는데
바람이 부대끼며 특별한 일 없으니

함께 보자는데
새벽공기도 덩달아 숨 가쁘게 달려와
동행해주며 무거운 짐 아침 이슬에
날려버리고 새 아침 맞으라 토닥여주네요

기다릴래요

파도에 밀려가는 세월을 보았습니다
욕심껏 쌓아올린 모래성을 소리 내어
꾸짖는 소리 하얀 거품 살랑이며
세월의 흔적을 모래 위에 새기고
수없이 파도가 스치고 가네요

순풍에 돛단배는 아니겠지요
나만의 꿈을 실은 만선의 배
오르막길이 너무 힘들어
잠시 뒤돌아볼 기회를 주는군요

해변의 모래알 조용히 평지를 이루고
은물결 쏟아부을 그날을 기다릴래요

비망록

유리알 닦고 닦아
마분지로 쌓고 쌓아
궤짝에 챙겨 넣고
손 탈세라 변할세라
조심조심 간직한 비망록

모닥불 피워놓고
지나온 귀퉁이를
뒤척여 보니
말발굽 소리 내며
바람에 구름 가듯

몰려왔다 떠나가는
한 점의 구름인 것을
손바닥으로 얼굴 가리고
햇살 한 모금 끌어안았네

쓸쓸한 찔레꽃

터줏대감 자리 잡은 담장 아래 찔레꽃
아련히 떠오르는 화려했던 그 시절
파초의 꿈으로 아득한 이국의 낮달들
아픈 사연 간직하고 의연하게 피었네

현장 일하던 직원들 휴식 시간
은은한 찔레향 오가는 정 나눌 때
벌 나비 만찬회 풍요롭던 한낮
찔레꽃 아린 속살 하얗게 피울 때
매서운 찬바람 어디서 불어왔나

담벼락 너머 그 멀리 하얀 줄무늬
끝내 돌리지 못하고 숙제로 남고
서로서로 보듬어가며 피었다 지는
동병상련 찔레꽃 향에 묻었어라

무슨 말인가 하고 싶은데

무슨 말인가 툭 털어놓고
마음 열어 송두리째 꺼내놓고 싶지만
누구에게도 차마 입을 열지 못하고
저녁노을 석양에 비친 낮달 보고 있는데
부질없는 그리움만 까맣게 타들어가는구나

눈 감으면 낭떠러지에 서있는 심정
애타는 마음 가눌 길 없지만
현실을 받아들여 한 송이 꽃을
피우기 위한 계절의 속삭임
내리막길을 조용히 기다릴 것이다

2011년 6월 15일 안양에서

장독군과 아리양

(본) 경남 (장독) 독장군과
(본) 한평 (물항아리) 아리양
이별하는 날

정한 수 떠놓고 천지신명께 정성 들이던 청수동이
보리쌀 씻어 대가족 책임지던 자배기
곡식 한 섬 들어가는 쌀 뒤주
부엌에 물 담아두던 둠벙
모든 나물 말려서 저장하던 항아리
주야장천 조선의 향내 풍기던 터줏대감
가문의 솜씨 담아두던 장 항아리
날씬하고 갸름한 새우젓 독
난쟁이 뚱뚱이 홀쭉이 약탕기까지
옹기종기 모여 사는 장독마을
백 년 이상 함께하다가 이별하는 날

한 많은 세월 용케 이겨낸 듬직한 부정
퍼내도 꺼내도 마를 줄 모르던 모정
가문의 주인은 세 번 바뀌어도
그들만은 오로지 변할 줄 모르고
늠름하게 지켜주던 가문의 주인들

싫다 좋다 앙탈 한 마디 못하고
목적지도 주인도 모르는 곳으로
화물트럭에 몸 싣고 멀어져가네

꼭 한 번만

어리석게 살아온 날들
다시 주어지는 인생이라면
후회 원망도 없이 꼭 한 번만
○○가연 이름 걸고
직원들 사랑하고 존중하며
실을 사랑하고 기계를 아끼고
이 터전에 자연과 벗하며
욕심 없이 앞만 보고 살고 싶다

늙그막 인생길

바람 부는 대로 밀려가는 하얀 조각구름
서로를 보듬으며 어두운 길 험한 길
그대 따스한 손 살며시 잡고
포근한 행복한 보금자리 찾아 헤맬 땐
가진 것 없어도 온 세상이 내 것인 양
재래식 화장실에 우산 쓰고 볼일 봐도
어느 궁전 부럽지 않았으리

총알처럼 떨어지던 별똥별
풀벌레 울음소리 귀 기울이던 날
구름에 가려진 달빛 아래에서도
기계 소리 마음 밝히던 화려한 현장
수많은 직원 보듬고 달래가며 발버둥 치고
안간힘 다해서 숨 가쁘게 달려온 사업
어리석은 판단 부질없이 눈먼 욕심이었네!

돌아보면 굽이굽이 누구도 흉내 낼 수 없는
잊지 못할 나만의 추억 가슴속 깊이 묻어놓고
마음을 비워야 하기에 경제적 힘 좌우할 수 있다면
내 심장이 뛰는 날까지 사력을 다해 살아온 삶
헛되지 않게 사랑하는 후손들에게 남기리라

2011년 8월 15일 새벽 1시 안양에서

백지장

마주 잡고 갈 운명이 아니던가
비겁하게 숨으려 하지 말자
손바닥으로 하늘을 가리듯
피해 갈 수 없는 현실

주저앉고 싶은 심정 마음 가다듬고
떠오르는 태양 앞에 또다시
다짐하는 삶의 현실 영락없이
마주 잡고 갈 백지장인 것을

선인장 보내던 날

30년 동고동락한 사랑으로
애지중지 가꾸어온 각성바지 선인장
꿈이 이렇게 무너지는 것을
바보같이 허상으로 꾸어본 꿈

쪽머리 빗어올리고 전통한복 저고리 여미며
선인장 동굴 속 골동품 전시하고
호롱불 달아매고 고전 운치 아래
애송 시 쓰다가 피곤하면
등나무 그네 타며 물레방아 소리
반주로 자작시 낭송하다가 잠이 오면
잠시 눈 붙이고 기지개 켜려던 꿈

006 체어맨 보내며

네 바퀴 굴러 굴러 어디로 가나
희로애락 함께한 동반자
너와 나 나와 너
마음 뜨고 지내온 십오 년

숙명처럼 다가오는 어두운 그림자
어디에서 잘못 되었나
진정 보내기 싫었는데
이별 앞에 가슴 아린 이 심정

어찌하면 달래질까 입술 깨물며
몸부림치건만 복받치는 고통
쇠망치로 얻어맞은 듯 아파온다

직원들의 선망 대상이요
ㅇㅇ가연 오너의 자존심
밤이슬 맞으며 라이트 밝히고
점점 멀어져가는 뒷모습

소리 없는 눈물 참아야 할까

소리 내어 울 수 있다면
답답한 속 조금은 후련하련만

가슴에 피멍이 정지된 듯 저리고
오너owner의 양어깨 힘을 주고 버팀목이던 너
차마 바라볼 수 없어 코끝이 아려왔지

고운 추억 주마등 되어 스치는 꿈결 같던 시절
되돌릴 수 없는 허전함만 심장을 짓누르는구나

누구를 원망하리오

실낱같은 틈 사이로 들어오는 바람
험준한 태풍일 줄 그 누가 알았으리

팔랑이는 문풍지가 가슴 치며
멍들 줄 그 누가 알았으리

벼락같은 자존심 숙인 지 오래
당장이라도 뱉고픈 마음

품속에서 멀어진 금은보화
누구의 탓도 원망도 할 수 없는

깨어진 유리창
찾지도 그리워하지도 말아야지

꽃피는 선인장

아름다움 변치 않던 마음속 그대여
청순한 아름다움
포옹 못해도
입맞춤 못해도
그보다 더 진한
해묵은 정 끈끈한 사랑

네 마음 내가 알고
내 마음 네가 아는
30년 애지중지 보듬고 가꾼 정성
어찌하면 지워지려나 말 좀 해다오
너를 보내고 보고프면 어쩌란 말이냐?

아쉬움만 더해가네

가야할 길이라면 말없이 가야지
태어날 때 정해진 운명이라면
고이 순응하고

가시덤불 헤쳐가며 꽃길 있는 줄 알고
넘어지고 찔리면서 넘고 넘어온 길
초록 물결 숨어버린 부질없는 안타까움

세월은 돌고 돈다지만 가까이서
바라보는 종착역 아련한 마음엔
지난날 아쉬움만 더해 가는구나

되돌릴 수 없을까

세월은 바람으로
보이지 않게
머물 줄 모르며 달려간다

철 따라 갈아입는 숲을 유혹하는 계절
흐르는 물에 순응하며
쉬지도 않고 구르고 있구나

지난날 아쉬워한들 그리워한들
날개 단 듯 빠르게 지난 세월
어디에서 찾을 손가 잡을 손가
무심히 흘려보내고 이제 와 생각하니

금은보화 보다 값진 지난 날들을
애착으로 가득한 일
어떻게 돌릴 수 없을까?

2011년 12월 26일 안양 평촌에서

사무실 앞 향나무

조석으로 찬바람 극성이다
기지개 품으며 조용히 다가서는
양지바른 향나무 숲 달콤한 햇볕이
마음의 문 열어젖히면
아침마다 참새들의 바쁜 지저귐

덩달아 향나무 동면에서 깨어나
힘들었던 겨울 먼지 털어내고
다가서는 녹색향기
새들의 다복한 보금자리
듬직한 향나무 세 그루

가슴에 피는 그리움

꼭꼭 닫힌 창 너머 혹독한
겨울바람 파도처럼 일렁이고

눈 위에 내려앉은 눈부신 햇살
길모퉁이 갈대 세차게 흔들리는데

녹아내리는 촛불 앞에 두고 간 사연
주워 담아 그들 향한 보고픈 날에

하나둘 꺼내어
세상밖에 내놓으리

설날 아침

세월이 문틈 사이로 스며들어 오기에
문풍지 곱게 발라 막아놓았건만
한 해 한 해 또 한 해 넘어간 문풍지
늘 푸른 줄만 알았던 설날 아침
동녘 하늘 바라보니 눈시울 뜨겁다

육십 평생
무엇을 바라보고 그 많은 날 달려왔는지
무엇을 얻으려고 그 많은 날 억척을 부렸는지
무엇을 남기려고 그 많은 날 헤쳐왔는지
달려와서 앞을 보니 종착역이 코앞이요
헤쳐 나와 숨 돌리니 늘어난 것은 주름살 뿐
돌아 서서 더듬어보니 허무한 설날 아침

지나간 뒤안길 돌아보지 않으리라
더도 덜도 아닌 오늘만 같았으면
쓴웃음 지으며 조심스럽게 소원을 빈다

3부

지울 수 없는 오타

옛집 지나오는 평촌 도로 뇌리에 스치는
물불 가리지 않고 억척 피우던 그날들
가로등이 아롱대는 고속도로 눈부신 햇살
서산에 기울고 비가 내릴 것 같은 오후

다시 돌아오지 못할 지난 시절
두 볼에 흐르는 눈물이 학의천인 듯 출렁인다
흐려지는 시야에 조심스레 운전하며
수심에 찬 마음으로 신호 기다리는 당신

지워도 지워도 지울 수 없는 오타는
인생길 험난하게 바꿔놓았다
실낱같은 매듭 보이지 않고 멀어져가는 옛 보금자리
쇳덩이보다 무거운 짐 짊어지고
이천 원 주고 산 호떡 향 자동차 안에 풍기며 밤길을 달렸네

2012년 10월 26일 살던 집, 골목 지나오며

2012년 한 해를 보내면서

운명의 덫에 걸려 허우적거렸던 이해
상흔은 내 가족 모두 아파하며
털지 못할 사연 앉고 정신없이 달려왔다
70년 가까이 피땀으로 마련한 소중한 자산 빼앗기고
또 빼앗기고 보내고 버리고 맘 아파 기절했는데
마지막 생계유지 버팀목 내 회사 숨 끊길 날 바라보며
속수무책 절박하게 다가오는 시한부 어떻게 지탱하나

어찌하여 여기까지 왔는지 울면서 매달리고
알면서 억지 부리고 죄없이 빌면서 무릎 꿇고 원망하고
미워하고 한 치의 틈도 보이지 않아 생을 포기하려
빨랫줄로 목에 감아보고 인대를 끊으려
면도칼도 세워보았지
나 하나로 해결된다면 용광로도 두렵지 않은 단순한 선택
사랑하는 가족 이보다 더 깊은 상처 안겨주기 두려워
이마저도 마음대로 못 하는 현실

굽이굽이 담은 이순희 가정의 역사는
무엇을 얼마만큼 잘못 했기에 가혹한 벌을 받아야 하나
끝은 어디며 무엇이 나를 기다리고 있나

죄가 있다면 벌을 받을 것이며
피눈물이 남았다면 얼마든지 흘릴 것이다
하지만 자손들에게는 이 아픈 상처 주지 않게 해 달라고
소중한 내 새끼들 더 이상 마음 아파하는 일 없게 해달라고
죄가 있다면 내가 모두 다 받겠노라고
내 자식들 편안히 살게 도와달라고
빌며 부디 이 소원은 꼭 들어
달라고 애원하며 기도합니다

꼭 가리다

빼앗긴 내 집 언제나 가고 싶어
매일 잠못 이루는 온기 없는 싸늘한 기숙사

오늘은 또 어떻게 해야 잠이 들까
눈을 뜨나 감으나 훤히 보이는 그 집
K 아파트 003 001호 그리워
그 집에 갈래 꼭 가야 해 살아서 못 가면

죽어서라도 그 정원에 집 짓고 예쁘게 살래
잠꼬대 뜬눈으로 지새우는 밤
빼앗긴 들녘에도 봄은 온다고 했지
서러움과 무서움이 엄습해오지만

인내하며 기다려야 하건만 못된 생각
하루에도 여러 번 이승과 저승이
굳어진 시간
지울 수 없는 치욕적인 상념
초라하고 처량한 무게를 이고 있다

_2012년 12월 14일 새벽 1시 23분 *기숙사에서 열 몸살에 누워 얼마나 울었는지

메일로 보내는 편지

간다고 아주 가나 돌아와 주소
행여나 찾아줄까 애달파하며
죽도록 보고파도 다가설 수 없는
냉가슴 앓이

소리쳐 부름에도 대답은 없고
소슬바람 소리 창가 흔들 때
사무치게 그리운 직원들 모습
뼛속을 파고드는 시린 속내

심금 울리는 외침의 메아리
남향집 양지창 머물고 싶은 곳
찾아줄 그날 쉼없이 기다리며
K아파트 003~001 호 옛 주인에게
하루해가 저물 무렵 메일로 띄웁니다

2012년 12월 27일

백설 꽃 승차권

백설 꽃나비 되어 허공에 맴돌면
가슴에 가두어둔 간절한 사연

밤은 깊어 가는데 묵묵히 걸어가는
신작로 언저리 오색 그림자 서성이고
달빛 없는 서늘한 밤 별빛만이 속삭이는데

비 개인 하늘 공원 유난히 맑은 날
뇌리에 가두어 두고픈 나만의 보석 상자
백설 꽃 승차권 손에 쥐고 목적 없는
여행이나 조용히 가고 싶다

헤어져야 하나

진정 행복했던 내 전부 안식처
안녕이라 인사하기엔 이르다고
떼를 쓰며 따라오는 잔별들

무거운 발길 달래가며 들어선 보금자리
어수선한 마음 뒤죽박죽 살림들
하나둘 비워지는 세간들
오늘은 너희들과 이 보금자리에서 동침하리라

더도 덜도 말고 오늘만 같았으면
어미 젖가슴에서 떨어지기 싫은 아이처럼
한 시간만 십 분만 일 분만 아니 이곳에서
영원히 함께하면 얼마나 좋을까

꿈속의 그 둥지

하늘 가까이 보이는 탁 트인 베란다
창 넘어 새들이 즐기는 화단 정원수
17년 희로애락 드나들던 그 둥지
무슨 연유로 아름답고 향기로운 인연
솟구치는 핏줄 타고 흐르게 해야 하나

마음 부푼 깊은 사연 정 들여놓은 곳
싸늘한 가을 허공에 가슴 쥐어짜며
사랑하는 그 둥지 바라보아야 하나
그 둥지 그리워 한없이 그리워
북쪽 하늘 메아리 그 둥지

2012년 첫눈 오는 날

허전한 마음도 몰라주고 첫눈 내리는 깊은 밤
하얀 산타 모자 가면 쓴 간장 된장 고추장 항아리
애틋한 보물단지

매콤짭짤 구수한 향기 나만의 손맛 조선의 전통
어제와 오늘이 살아서 숨 쉬는 나만의 솜씨
가문의 보물

머물러있는 이 순간 깨어질까 봐 가슴 조이는
살얼음판에 서있는 아슬아슬한 심정
그들은 알고 있을까

장독대에 모여 앉아 애교 미소 반짝이는
첫눈 머무는 이 순간 천만년 가도 변치 않게
담아두련다

2012년 12월 13일 평택 회사에서

비 오는 날에

비가 내리는 그 아파트
진종일 창밖을 내다보는
아픈 사연 빗방울 구르는 소리
가슴에 새겨져 잊기 어려운 나날들
회색빛 하늘 빗줄기에 마음 달랜다

내 생애 다시 돌아올 수 없는 줄 알면서
포기할 수 없는 꿈 행여 하는 기다림
아름답던 지난 날의 고운 추억

마음속에 밧줄로 묶인 채 풀지 못하고
빗소리 들으며 하얀 밤 지새우고
착잡하고 허무한 마음 토닥인다

여름 이야기

상추 부추 손으로 찢어 손맛 곁들여
강된장에 열무김치 들기름 넣고 양푼에
설설 비벼 먹을 때 미역냉국에 오이 채 썰어
얼음 조각 동동 띄우고 공장 텃밭에서 딴 풋고추
보리쌀로 띄워 담은 고추장 살짝 찍어 입에 넣고
등줄기 땀방울 선풍기 뒤로 여행 보내고
하얀 피부 까만 피부 직원들과 농담 진담
주고받으며 너털웃음 함박웃음 가득할 때
그 무엇이 부러웠으리오

여름 이야기 아직도 못다 했는데
가을바람 분다고 가혹하던 더위도
선선한 가을바람이 무서운 듯 창문을 닫아 달라
하는구나

살점 같은 내 집

밝은 햇살 가득한 아파트
창밖을 내다보면 초등학교 운동장
어린이들 뛰노는 모습 훤히 보이는 곳

병풍 뒤에 물든 털지 못하는 화폭들
어이해 허리춤에 매달린 그림자가 되었나

눈시울 붉어지고 양 볼이 패여도
못 잊어 애처로이 불러보는
살점 같은 내 집

꿈이라면 깨고 싶다

맑은 창가 멀리 내리는 빗줄기
끌어안고 싶은 마음을 달랜다

정열적인 입맞춤으로 찾아온 사업
아침을 열어주는 공장 현장
언제나 쉬어갈 수 있는 희망의 쉼터
공장 현장에 잠자고 있는 기계들
외출하고 못 돌아오는 기계들

홍역 치르는 세속의 발자취
천장에 매달려 집 짓고 날이 새면
비바람에 시달리는 현실
아픈 마음 풍전등화(風前燈火)
꿈이라면 깨고 싶다

이사 가던 날

이사 가는 날마다 두꺼비 저금통
등에 메고 무겁다 낑낑거리며
희희낙락 즐거워하던
두 아들 웃음소리 들리는 듯
엊그제 같은 그때

쪽방에서 월세로 전전 하다
허리띠 졸라매고 십만 원 전세 갈 때
천하가 내 것인 양 부러울 것 없었고
이십 년 만에 내 집 장만하여 들어갈 때
이곳이 천국이요 종착지인 줄 알았다

애지중지 다듬던 세간 풍비박산
의지할 곳도 갈 곳도 없는 마음마저
낭떠러지 피땀으로 모은 재산
하루아침에 무너지는구나

빚은 잠도 안 자고 자라며
오랜 가뭄에 물을 주어
가꾸지 않아도 자며 억수장마
흙탕물에도 떠내려가지 않는다는

친정어머니의 명언이 내 앞에 있는 것을

보이지 않는 욕심 들뜬 허영심에
온 가족이 거리로 내몰리는 경매
어찌해야 풀릴까 눈앞이 깜깜하구나
걸어온 발자국 육십팔
걸어갈 발자국은 과연 얼마나 남았을까

그 걸음 걷겠다고 노년의 무거운
푸넘의 짐 지고 가야만 할까
이제 그만 내려놓고 하차 하자
하루에도 몇 번씩 다짐하며
가슴으로 뇌리(腦裏)지만 모든 것이 뜻대로
안 되는 것이 인생이던가 살아야 하는 의미도
애착도 없고 어떻게 이 고비를 넘어간단 말인가
서산마루 걸린 노년을 어찌할꼬

법원 주차장에서

지내고 보면 모두가 그리운 것이라지만
이건 아니야 오늘이 지난 그 언젠가
이날을 그리워해선 안 돼

풀섶 등에 지고 모닥불 앞에 서있는 듯
고통스러운 삶의 질곡 속에 헤매야 하는가
가야 할 길은 아득한데

뜨거운 태양은 한 치의 양보 없이
머리의 온도를 높이는데 감내야 하는
주어진 운명의 끈 미래는 보이지 않는구나

영 영

정다운 미소 나누는 가을바람
서재 안에 글 읽는 풀벌레
단잠이 뒤로 물러서는 새벽

향수보다 깊은 풀 향 풀어 헤치고
잃어버린 구슬방울 찾아 헤매는
섬돌 밑 이름 모를 풀벌레 합창

구름 속 별들을 불어 모아
기나긴 여로(旅路)의 길 나서는
그대는 영영 어디로 갈꺼나

눈물로 얼룩진 이삿짐

조바심하며 보내는 세월
마지막 잎새되어 아슬한 시간
삶의 언저리 쉼표 없는 고갯길
가슴 한 자락 갈라지는 그 소리
둥글둥글 살아온 세월
어두운 그림자 서성이는 정든 보금자리
소리 내어 울지도 못하고
마음으로 가슴을 어루만진다
두고 가는 발자취 한때는 행복의 자리
못된 미련, 욕심 꼬리를 문다
살아온 삶이 허망하게 비워지는 이 순간
눈물로 얼룩진 이삿짐 허공에 맴돌고
하늘과 땅이 갈라지듯
심장 구석구석 피를 말리는 어둠
무슨 잘못이 있기에
이렇게 가혹한 벌을 받아야 하나
내 생에 다시 이 자리 품어볼 수 있을까
모든 끈 비워지는 순간
착잡한 심정 삶의 탑이 허망하구나

82_2012년 7월 7일 *12월 초부터 예감, 경매당하고 마지막 짐차에 싣고 떠나던날

왜 그랬어

실눈 뜨고 멀리 보지 왜 그랬어
조금 먹고 힘주지 말지 왜 그랬어
큰소리 듣지 말고 작은 소리
귀담아듣지 왜 그랬어

눈 크게 뜨고 뜬구름 잡은들 백지수표요
많이 먹고 지나치면
볼일 볼 때 힘들 것을
빈 수레 요란한 것 기정사실
잔소리도 보약인 걸 왜 몰랐을까

여기저기 인장 난발 속수무책
흘러간 물 어찌 되돌릴까
차라리 꿈이라면 깨면 될 것을
뜬눈으로 지새우는 이 한밤
현실이 피를 말리는구나

2012년 2월 24일 평택에서 (사업이 힘들어)

꼬끼오

고즈넉한 시골 마을 수탉들의 합창
새벽을 알리며 잠을 씻어줍니다

어둠을 헤치고 고음 높이는 소리
바람 불지 않아도 멀리까지 울려퍼지는
하늘 문 열리며 새벽 알리는 종소리

우윳빛 세상을 맑게 채색하며
어둠의 동굴을 벗어나 동녘가득
태양 문이 배시시 열리네요

누구를 위해 종을 울렸나

굽이굽이 담아온 내 가정의 기름진 일기장
펼쳐보니 누구를 위해 왜 이렇게 살았는지
시작은 어디서 또 끝은 어디란 말인가

두견새는 그렇게 풀숲 헤치며 먹이 찾아 부리가
문드러지고 날개가 휠 정도로 둥우리 쪼아서
일구월심(日久月深) 알을 품어 세상 밖에 내놓고

오붓한 보금자리 바람 불면 날아갈세라
비가 오면 허물어질세라 노심초사
애간장 태우면서 엄동설한 꽃 피우겠다고

여백 없이 걸었건만 돌고 돌아보니 백지요
원위치인 꿈 새벽이슬처럼 사라지는 것
그동안 누구를 위하여 종을 울렸단 말인가

가연 주인이 되고 싶다

봄 편지 소인 찍힌 개나리 목련 찔레꽃
화려하게 피어 기쁨 안겨주는 모습
순간 살짝 왔다가 애처로운 모습 뒤로 하는
4월

은은한 라일락향 전해오는 아름다움
탈바꿈하고 또다른 푸르름 연장하는
그들에게 가슴 열어 박수를 보내는
5월

그들 앞에 머무는 가연 주인이 되고 싶다
영원토록

고운 꿈꾸라 하네

안개가 희미한 초저녁 한 발 한 발 내딛는 시골길
지금 가는 길 올바르게 가고 있는가
온통 꽉 막힌 현실 아프다
아프고 괴로워도 인간에게 털지 못하는 속사정

여름밤 말없이 흐르는데 벌집 헤집은 듯
뒤숭숭한 고요가 늪에서 헤매는
죄 없는 달과 별들 바라보며 하소연 부어대니
모든 시름 잊고 같이 걷자시네

콧노래 부르면서 인생무상
인생은 새옹지마라 했거늘
모든 욕심 털어내고 고운 꿈꾸라 하네

내가 가야 할 길이 아니던가

내가 가는 길 올바르게 가고 있는가
온통 멍투성이로 내딛는 발걸음
인간에게 털지 못하는 속사정 덮어두고

잠들기엔 너무나도 뒤숭숭해 죄 없는
허공에 하소연 부어대니 모든 시름 다 잊고
마음 비우라며 줄기차게 따라붙는 달님

별들도 흥얼흥얼 콧노래 부르며
삶은 만족이 없다며 인생무상
욕심을 버리라며 답답한 맘 달래주는 별빛
앞만 보고 가자 내가 가야 할 길이 아니던가

4부

어디서 잘못 되었나

가슴 졸여 애달파 하며 긴장의 끈
늦출 수 없는 시간 어디서 잘못 되었나
죄 없는 서러움에 몸부림치며
천장에 매달려 밤새 집 짓고
왜 이곳에 무슨 잘못이 있기에
고개 숙여 기도하며 선처를 구하나

2012년 7월 18일 법정에서 회사 경매 날

뒤돌아보면 안 되겠지

행복했던 보금자리 삶의 발자취
한순간 비워야 하는 이 아픔
참고 견디기엔 너무 힘들어

오늘도 그 보금자리 더듬어보려고
아파트 정문 앞 들어서는데
매미들이 반겨주는 요란한 합창
공허한 마음 달래려 하지만
그래도 뒤돌아보면 안 되겠지

두고 온 집

현실의 두려움 엄습해오는 거리 귓전에 맴돌고
호젓한 밤 온몸 휘청이며 무심코 홀로 걷는 길
잡초를 헤집고 흐르는 도랑물 강물 되어 넘치는
인고(忍苦)의 수레바퀴 고운 정 쌓아 올린 보금자리
금수(禽獸)의 보금자리로 변한 어수선한 세간들

널브러진 그곳 이미 주어진 운명인 줄 알면서
왜 살아야 하나 의미마저 잃어버리고 멍울로 저려오는
버리지 못하는 미련 자신이 원망스럽다
길섶 귀뚜라미 왜 그리 슬피 우는가
두고 온 집 그립다

산비둘기

밝은 햇살 가득하던 아파트
창밖을 내다보면 초등학교 운동장
어린이들 뛰노는 모습 보이는 그곳
못 견디게 그리우니 어이 할꼬

마음 정리하고 잊어야지 하건만
병풍 뒤에 잠든 추억 눈시울 붉어지는
이른 아침 전깃줄에 다정한 비둘기 한 쌍
그대 고운 자태에 안정을 찾으려 노력하건만

시도 때도 없이 초조하고 불안한 심정
나만이 겪어야 하는 현실 피하고 싶어
나도 너를 따라 어디론가 떠나고 싶다

_2012년 8월 14일 평택에서 살던 아파트 경매 무렵

마음을 하얗게 비우자

만성 그것은 좋은 걸까 나쁜 걸까
애타며 졸이는 마음 만성이 되어간다
직원들 월급만은 꼭 주고 살아야지
살다 보면 누구나 고비가 있는 법
스스로 달래며 가시밭길 넘듯

마음을 하얗게 비우고 싶은데
마음 비우기 왜 이리 힘이 드는가
그래도 용기는 놓으면 안 되겠지
희망을 버려서도 안 되겠지
커다란 장애 앞에 주춤거리는 시련

예측 못 했던 욕심으로 벌어진 일
되돌릴 수 없는 흘러간 시간
연연하지 말자
이것이 최악이려니
지혜롭게 헤쳐 나가기 위해서
마음 하얗게 비워야지

그 집이 내 집이야

잘못 두드린 계산기 대책 없이 찍은 도장
은행빚 독촉에 시달려 낭떠러지에 내몰리고
가고 싶다 갈 수 없고 보고 싶다 볼 수 없는
꿈에서도 불러보는 K아파트 003—001 놓을 수 없는
진정한 내 집 바라만 볼 수밖에
어제가 옛날이네 온몸에 쌓여있는 아픈 상처
머리가 흐려지고 목이 조여 오는구나

30년 셋방살이 빠져나와
주인 눈치 보지 않고 마음 놓고 살며
이곳에서 관속으로 나가자
남편과 마음 다짐한 애틋한 내 집
자수성가하겠다고
앞만 보고 달려와 몸 상하는 줄도 몰랐다
진둥한둥 모은 재산 악하게 살았다 생각은 안 했건만
해는 서산에 기울고 초라한 현실 앞에 갈 수 없는 내 집

정말로 가고 싶다 정말로 보고 싶다
어떻게 해 나 어떻게 해
그 집에 가고 싶어 내 집에 갈래
잠꼬대에 시달려 단잠이 멀어지고

빨간 용광로 보다 진한 아픔
양 볼에 흐르는 물 핏물인가 냇물인가
열 몸살에 시달리고 허우적이며
진땀으로 목욕하는 새벽 2시 10분
헛소리를 반복하고 뜬눈으로 지새우며
나 지금 갈래 그 집이 내 집이야
내 집에 갈래 내 집에 가야 해
그 집은 내 집이야 그 집이 내 집이야
게 누구 없소 그 집에 나 좀 데려다주소.

2012년 11월 23일 *아파트 경매 후 아파 누워 새벽 2시 31분 기숙사에서
사경을 헤매다 결국 아침 7시 10에 119 신세 졌다

어떻게 헤어날까

옛집 지나오는 평촌 도로

억척스러웠던 날들이 주마등처럼 스치는데
고속도로 눈부신 햇살은 서산으로 기울고
검은 구름 가득한 비가 내릴 것 같은 오후

가슴 깊이 쌓여
몸부림쳐도 돌아오지 못할 것 같아
눈물만 두 볼에 고인다

운전석에 앉아 신호대기 기다리는 당신
미워도 미워할 수 없는 믿기 어려운 현실
처절하게 바꿔놓은 지울 수 없는 오타

어디서부터 어떻게 풀어야 하나
실낱같은 매듭 보이지 않고
멀어져가는 옛 보금자리 바라보며

산더미보다 더 무거운 짐 내려놓지 못하고
이천 원 주고 산 호떡 향만
차 안 가득 풍기는 밤길을 달렸네

손 모아 기도한다

실낱 같은 문틈 사이에
새어 들어오는 바람이

들이닥친 태풍일 줄
그 누가 알았으리

팔랑이는 문풍지가
가슴 치는 쇳덩일 줄

그 누가 알았으리
잘못 두드린 계산기

어제의 어리석음
후회한들 무엇하리

벼락같은 자존심 숙인 지 오래
실낱같은 희생 절차 꺼져가는 불빛

내 회사 좀 살려달라
손 모아 기도한다

구름아 너는 알지

가고 싶다 보고 싶다 그 집에서 쉬고 싶다
구름아 너는 알지 아파도 괴로워도
아야 소리 못하는 마음

언제쯤 지워질까 언제쯤 잊혀질까
구름아 너는 알지 괴로워 슬퍼도
소리 내어 울 수 없는 심정

다복했던 보금자리 어디에서 찾아볼까
뉘리에서 맴도는데 지는 해 뉘엿뉘엿
쉼터는 어디란 말인가 구름아 너는 알지

_2013년 1월 13일 평택에서 새삼스럽게 집 구하러 다니는 신세

새벽길

희미한 가로등 심호흡 크게 하고
너른 광장 위에 술래잡기 하다가
떠나기 싫어 머뭇거리는
새벽길

주름진 세월 속에 흩어진 뿌연 달빛
졸음 겨운 잔별들 찬 서리 찬바람
지난 시절 그리워 서성이는
새벽길

새벽안개 희미한 푸른 들판에
과거를 잊고 새 희망을 약속하며
아침 해 밝아오는 한적한 시골
새벽길

봄비가 후두둑 떨어집니다

봄날의 아지랑이가 무얼 원하는지
잠재된 추억 흔적 없이 보내려
칼날 같은 고드름 떨어트리고
세상 밖에 나가려고 몸부림치는 봄비
삶의 꼬리 잡고 애원하는 심정

봄 햇살에 일광욕하는 빨래 걷어 들이고
열어놓은 장독대 모자 씌우고
겨우내 거실에서 앙큼 떨던 선인장
양지바른 장독대 옆 신방 차려 내놓고
이곳저곳 널린 잔살림 안쪽에 들여놓는데

봄 손님 기다리는 살구나무 가지에
매달린 검정 비닐봉지 갈지자로
남풍 서풍 갈피 못 잡고 흔드는데
바람 유혹하여 초고속 편으로
봄비가 후두둑 떨어집니다

삶의 언덕배기

고개고개 인생 고개 넘어가는 언덕배기
무거운 짐 등에 업고 죽장 짚은 나그네
산마루에 기대 서서 하늘 공원 가슴에 안고
청산리 벽계수야

꽃바구니 머리에 인 새색시 실개천 언덕 위에
구름 속에 노니는 봄바람 훔쳐보고
풀 향기 꽃향기 입에 물고 쑥스러워
일송정 푸른 솔에

찬바람 비집고 들어와 습관처럼 상념에 빠져
오늘도 헤어나질 못하고 힘든 여정 온몸으로
주고받던 덧없는 세월의 쉼표 한 장 내려놓고
고개 고개 인생 고개 어디론가 넘어가는
삶의 언덕배기

2013년 2월 18일 새벽 3시 47분 기숙사에서

마지막 단추는

한 해의 계획은 신년에 있고
하루의 계획은 새벽에 있고

새 옷에 새 단추 위에서부터
아무리 좋은 옷도
첫 단추 잘못 끼면 일그러지는 법

출발점 서두르면
뒤늦은 후회 종점에서 헤매네

잠시 왔다가는 인생길 한 발 두 발
조심조심 내디뎌 마지막 단추
잘 끼우면 인생사 성공인 걸
무에 그리 어려운고

보금자리

잘 있나
잊기 힘든 보금자리
비몽사몽 헤어나지 못하고
세월 속에 묻힌 따뜻한 곳

알몸 된 기막힌 사연
하늘과 땅이 갈라지는 심정
빈손으로 벗겨지는 처참한 이별
찢긴 명주치마 부여잡고 눈물 흘리는데

유리창에 그려놓았다 지우는
즐거웠던 그 시절 못잊을 추억
이제는 무얼 어디서 어떻게 해야 하나
품고 있던 보금자리 잘 있느냐 묻고 싶다

사업하면서

사업하면서 머물다 간 수많은 사람들
내 나라 사람은 물론이고
태국, 이란, 몽고, 북한, 중국, 파키스탄,
인도네시아, 필리핀, 베트남, 우즈베키스탄,
그중
인상 좋고 애교 많은 사람
인상은 안 좋아도 마음씨 착한 사람
부지런하고 자기 스스로 열심히 일하는 사람
예쁘고 잘생긴 사람도 눈치 보며 꾀부리고
답답한 사람 털털하고 유머가 많은 사람
사람들이 주는 행복 모두 제 각각

얼굴만 보아도 웃음이 나오는 사람
같이 있으면 시간이 빨리 가는 사람
유머와 흥이 많고 노래도 잘해서 회식 자리
야유회 때 언제나 인기 많고 상을 받던 사람
가정 환경 너무 힘들어 안타깝게 만드는 사람
몸이 약해 수시로 결근하고 조퇴하는 사람
방위 산업 근무로 군인 의무 맞춘 청년
근성이 안 좋아 말썽부리는 사람

많은 사람과 동고동락하다
떠나고 보내고 나니 보고 싶고 그리워진다
그들을 언젠가는 다시 만나겠지

사업한 지 23년을 만나고 헤어지고 반복된 수많은 인연
그들이 있기에 사업을 했고 내 사업 있어 수많은 직원
가정에 생계유지했지
희로애락을 나누던 직원들 만나면 반가워할
그들을 생각하며 언제라도 기다릴 것이다
내 곁에 머물던 고마운 인연들 고생 많이 한
내 직원들 모두 행복했으면 좋겠다

가연 개나리 목련

개나리 노란 수다 목련의 하얀 웃음
아름다운 추억 만들고 싶어
꽃 속에 숨어 봄 향기 듣는데
길게 늘인 개나리 매어둘 수 없어
떠나야 하는 웃지 못할 이야기

짓눌린 삶의 무게 벗어날 길 없어
이 봄의 개나리 향기로 달래며
목련꽃잎 지는 슬픈 사월의 아픔
정문 앞 정들대로 정들여놓고 떠나는
노랗고 하얀 달빛 아래 말 없이 멀어지네

회사 문 닫던 날

잡으려고 풀어보려고 몸부림쳤지만
노력하면 노력할수록 뒤엉킨 실타래
잡지도 풀지도 못하고
수십 년 피땀으로 공들인 회사

이 구석 저 구석 헤집고 다니는
처량한 신세 현장에서 통곡하며
몸부림치다 울다 지쳐
멎으려는 호흡 정신 차려 조절하고
지친 마음 달래며 산목숨
정지하지 못하는 안타까움
고통 속에서도 꼭 살아야 하나

현장을 누비며 격려해주던 직원들
어디에서 무얼 하나 궁금한데
후벼파는 아픔 나눌 수 없지만
밤하늘 바라보며 나 홀로 찻잔을 기울인다

기계 끄던 날

회사 전 직원들 웅성웅성 갈피 못 잡는 현장
직원들 손을 잡고 살려 달라 애원하며 산천을
울리듯 슬피 우는 기계들 풍선 꿈꾸던 주인장
원망하는 울림 과욕의 뜬구름이 백지수표요
처량하게 들려오는 한밤중 기계 소리 나를 울리네

힘들었던 28년 실오라기 같은 희망에 발버둥치며
잡으려고 얼마나 몸부림쳤던가
풀지도 못 한 뒤엉킨 실타래 이렇게 막을 내려야 하는가
어이하여 여기까지 왔는가 꿈도 희망도 깨어진 유리조각
후회도 원망도 백해무효 살려달라 애원하는 기계들
주인장 원망하며 목청 높이 외치는 소리 가슴이 찢어지고
목에는 핏덩이 두 눈에 흐르는 눈물 현장에 흐느끼는데

우렁차게 돌던 기계들 변압기 전기에 잔인한 안락사
컴컴한 현장에 우두거니 서있는 기계 앞에 몹쓸 죄짓는 듯
차마 바라볼 수 없는 고통 정신마저 혼미해져
중심을 잡을 길 없는데
희로애락 함께한 직원들 통곡소리 산천이 흔들리네

그대 고운 눈빛

소중한 시간이기에 힘내야 해
잿빛 구름 흐르다가 멈춰진 곳
원망하는 회초리 휘두르는 이 가을

소박한 곳에서 큰 것을 배우며
작은 숨결에 미소가 번지는
조건 없이 보듬어주었던 직원들
나만이 간직한 한때의 진한 추억
고운 눈빛을 후일에 기억하련다

살구나무

더위에 지친 살구나무
소중한 추억을 가지마다
알알이 익혔네
ㅇㅇ가연 내려다보고 노란 향 터트리는데
살구향에 취한 왕거미
살구나무에 애무하며 시간 가는 줄 모르는 한낮

노란 향기 빈틈없이 매달린 가지
매정하게 잘라 낼 때
네 운명 내 운명
탓하지 말고 차라리 냉정해야지
행복했던 지난날들 서로의 아름다움
심중에 모두 노랗게 담아두자

힘찬 톱질 검은 눈동자 (스리랑카) 슬러쉬
나무에 올라가 흔들어대는 식당 (중국) 아줌마
재치 빠른 노사나 (필리핀) 살구 상자에 주워담고
상자를 휴게실로 옮기는 (한국) 김태일
내 역사 속으로 돌아갈
아름다운 추억 향긋한 살구향

2013년 7월 3일 직원들과 비 맞으며 살구 따고 또 살구나무 잘랐다.

내 갈 곳은 어데 메요

불쑥 나타난 천둥 번개
먹구름은 소낙비를 원망하며
소리 내어 흐느끼는 빗줄기 속에
허공에 맴도는 잡지 못할 안타까움
한 여름 부지런한 개미 빗줄기에 무너지고
두 눈에 어른 대는 상흔

평생 쌓은 성 무너진 지 오래
동서남북 의지할 곳 없어
굽은 허리 추스르며 발버둥 치는데
지는 해는 발걸음 재촉하고
어느 하 세월에 해가 뜰 것이며
내 가야 할 곳은 또 어데 메요

기찻길 옆 민들레

차라리 소리 내어 울어볼 것을
폭풍처럼 휘몰아치던 종착역
마침표 내려놓기 얼마나 힘들었던가

잊어야지 다짐하며 내치지 못한 미련
마른 하늘 타는 가슴 흩뿌리던 날
안정을 찾으려 몸부림치던 텃밭
먼 발자취에 민들레 얇은 생명
기적소리 한 소절쯤 기억하면서
바라만 보아도 안정 찾던 삶의 터전

마음속에 풀지 못한 한
따스한 봄날 웃음으로 날려보내고
향기로운 봄꽃 손짓하는 그 길에
민들레 기적소리에 휘날리네

5부

운명

지나온 삶 아픔보다는 희망이었기에
어지러웠던 날들 지울 것은 지워야지
돈으로 살 수 없는 삶이 무너지고
어처구니 없는 도깨비 살림

종종걸음쳐야 하는 웃지 못할 현실
애써 감추려 해도 수시로 좌절하고
세상을 등지고픈 마음 하루도 수차례
아무리 발버둥쳐도 되돌릴 수 없는 일

목에서 핏덩이가 올라오듯 목이 막히고
저며오는 고통 참아야 하는 한여름
뜨거운 태양은 이 마음 아랑곳하지 않는
웃지 못할 운명

노후대책 보험

이불속 탁상공론
기와집 초가집 양옥집
지었다 부수기를 수십 번
꿈에서도 불러보는
허리띠 졸라맨 노후대책 보험
발도 디뎌보지 못하고
어디로 날아갔나

내가 차린 밥상 누가 먹었나
경매 한 번 두 번 당하니
경이란 소리만 들어도 경끼가 난다
호화스러운 국회 무늬 법정 딱지
생각만 해도 소름 끼치는
알뜰히 산 것이 죄가 되었네

도깨비 인생

어느 한 곳 기댈 곳 없는 짓눌린 현실
가도 가도 보이지 않는 그 길
몸부림치건만 뒤돌아봐도
서산에 걸려있는 희미한 노을빛

가슴에 남은 유일무이한 향기
아쉬움 발목 잡는 평생 살아온 육신
아픔과 번뇌 속에 그리움만 쌓이고
써버린 세월 누굴 탓하랴
멀어진 그 자리 서글픔만 더한
예약 없던 도깨비 인생

2013년 12월 8일 (음 11월 13일) 생일날

수리사 가는 길

수리사 오르는 길 청정한 물소리
은은한 목탁 소리 밝혀 줄 등불 앞에
가슴에 쌓인 한을 풀고 싶어
법당 앞에 무릎 꿇어 조아리는
미흡한 불자

인생은 자연 속에 흔들리고
하늘은 노을 속에 빛이 나며
바다는 파도가 생명인 것을

인생이 야속하다 말하지 말며
노을에 감탄도 하지 말고
거친 파도 원망을 하지 말자

오가는 세월은 지나가는
소낙비 같은데 소중한 인생
걱정근심 없이 살고 싶다고
떼쓰고 매달리는 미흡한 불자

2013년 12월 22일 동짓날 수리사에서

품속 비집고 들어오는 가을

자연의 법칙은 오솔길 건너 어우러진 나뭇가지와 풀잎
뜨거운 한낮 건네준 바람 입술에 성급히 다가온 가을 산
숨이 막혀오던 여름 이야기 너무 많아 퍼내지도 못했는데
조석으로 창문 닫아달라 옷깃 여미게 하는 찬바람

눈감아도 히죽이 보이는 코스모스
몸매 자랑하는 해바라기
높아진 하늘이 부담스러워 고개 숙인 벼이삭
귀뚜라미 선율 담장 깊이 숨기고
높낮이 고음 자랑하던 매미도
짧은 가을 아쉬워하는데
햇빛 가리려는 구름을 미워하는 한낮에

서재로 돌아가 마음 다지고
책과 속삭이며 모든 시름 잊으려는데
소중한 날들이 순간 지나가고
문제와 답 구하기 힘들어 오열했다
부질없는 허상 이겨내지 못할 폭풍
차라리 비우니 마음 편한 것을

2013년 9월 23일 맘 비우니 편하다. 모든 것 빼앗기고 나서

가벼운 미풍이라 생각할래요

찬 바람 부는 날에 부딪히고 돌아와 보니
바람에 구름 가듯 잘도 갔구나

정갈하던 보금자리 그 향기 못 잊어
애간장 도려내는데 초저녁 바람 소리

아픈 마음 달래주건만 낙엽 진 아픈 사연
두 줄기 흐르는 물 얼음장을 녹이고

이 해의 마지막 달 뒤돌아보니 궂은 날보다
맑은 날이 많았기에 서산 노을 한편에

가슴앓이 내려놓고 서서히 잊으려 하지만
아프다 너무

산산 조각난 공든 탑
애틋한 사연들 한해를 끌어안기 힘들지만
가벼운 미풍이라 생각할래요

집 없는 고양이

백白송이 휘날리는 야심한 밤
집 없는 고양이도 낭만을 즐기는지
하얀 도화지에 제 그림자 드리우며
포근했던 날을 그리워합니다

하얀 면사포 쓴 노송 푸른 시절 있었더냐
얽히고설킨 사연 언제나 풀어볼까
데굴데굴 구르며 몸부림치는
집 없는 들고양이

황혼 수레길

사전에도 없는 뒤틀린 길
벼랑 끝에 아슬하게 홀로 서있는 심정
그 허전함 가눌 길 없는
희미한 쪽빛 노을이 삼킨다
바람 속 풍경 무채색으로 기우는 귀퉁이
속절 없이 멀어져가는 황혼 수레길

민 가슴 인화한 하나인 향기
아름답던 지난날 사무치게 그리운 날
하얗게 퇴색한 시절의 상흔인가
더는 못 견뎌 하는 겨울 야생화 인생
화려한 풀꽃으로 왔다가는 그 길
황혼 길 당신은 아시나요

보금자리 떠나던 날

주어진 만큼 살아가려는 작은 꿈
허물지 않으려고
얼마나 몸부림치고 발버둥 쳤던가

알뜰히 모은 자산 지키려고
진자리 마른자리 가리지 않고
꼭꼭 묶어두었던 자존심

무릎 꿇어 애원하며 매달려 보고
억지소리 엄포놓으며 큰소리 쳐봤지만
속수무책 보금자리 떠나야 하는데

파란 하늘에 먹구름 천둥 치고
단단한 땅 천만 갈래 갈라지듯
휘청거리는 발걸음 숨이 멎는 듯

세상만사 접으려 정든 문고리에 매달려
몸부림쳤건만 이마저 마음대로 되지 않으니

이삿짐에 실은 상처 조심스럽게 보듬고
무언의 약속하고 앞날을 살아가련다

오금 저리는 심정

개나리 병졸들 아장아장 소풍길 나선
유치원생 꼬마 길게 늘인 담장에 걸터앉아
주차장 내려다보고 힘내라고 노란 웃음 짓는데

멀쑥이 내려다보는 목련 왜 그리 힘이 없나
애처로워 못 보겠네 기구한 운명이라면
차라리 곱게 피지나 말지

모진 한파 비바람 의연하게 견디어
마음 흔들어놓고 그렇게 간다면
마디를 헤집는 고통 어이 견디라고

목련아 날 좀 잡아다오
우리 언제나 함께하자 애원하지만
주워진 운명 어이 빠져나갈꼬

견딜 수 없는 인내의 한계는
어디까지인가 이제는 사업의 고통 잊고
향기로운 꽃바람 불어올 날 기다린다

누구누구 원망도 탓도 하지 말자
마음 추스르고 희망을 다시 찾자
개나리 목련아 힘내자

괘종시계

외로움 기다림 아련한 안타까움
감내하기 힘이 들어 눈을 감고
묵묵히 생각에 잠겨보는 지난 시간
함께한 화려한 만남 이어가면 오죽이나 좋았을까
영문도 모르고 먼지에 묻힌 신세 보아주는 이도
궁금해하는 이도 없는 컴컴한 빈 사무실
왜 존재해야 하는지 오늘도 벽에 홀로 서서
딩, 딩, 딩

열두 시 반이면 점심 식판 들고 줄 서서
먹기도 전에 군침 삼키고 기뻐하던 직원들
주방 이곳저곳 웃음소리 깔아놓고
뿔뿔이 헤어져 무얼 하는지
과거로 돌아갈 수 없는 현실 앞에
영문도 모르고 정오를 알리는 어제가 옛날
먼지 뒤집어쓴 괘종시계 흐느끼며 울부짖는구나

2014년 4월 1일 12시 빈 회사 다녀와서

아픔일까 번뇌일까

가도 가도 보이지 않는 허공
안갯속 비집고 헤쳐나가려
허랑함으로 앞뒤 돌아보는데
서산에 걸린 희미한 안개 덮인 거리
인화한 오직 하나인 향기

아쉬움 발목 잡는 평생 살아온 육신
아픔일까 번뇌일까 쌓이는 그리움
너무도 많이 써버린 세월 누굴 탓하랴
멀어진 그 자리 서글픔만 더해가는
심중의 끈은 잡아야 할까 놓아야 할까

_2014년 4월 3일 평택에서

마음 비우기 왜 이리 힘드나

마음 비우기 이리도 힘이 드는가
모든 것을 하얗게 지우고 싶지만
용기를 놓아버리면
희망도 버려지는 것이기에

잠시 알짱거리는 커다란 장애물
예측하고 가늠하지 못했던 일
살면서 욕심으로 다가온 현실
되돌릴 수 없는 흘러간 시간
아쉬워 연연해하지 말아야지
현실에 순응하며 마음 비우고
이것이 최악이려니
지혜롭게 헤쳐나가자 하건만
마음 비우기 너무도 힘 드는구나

가슴속 대못

철조망 치기 위해
가시 찔린 이 아픔
온몸을 찔리고 뜯기면서
많은 고통 참았다

담을 쌓고 무너지지 말라고
갈고 닦으며
앞만 보고 뛰었다

무너진 성 다시 쌓을 수 없는
가시 잘린 철조망
가슴속 대못 되었네

아파트 지나서 왔네

옛 생각이 나서 찾아온 뒷길
왜 그리 쓸쓸한지
이글대는 태양마저 야속하다

시야가 좁아지고 머리가 흐려지는
아늑하고 평화롭던 보금자리
차마 머물 수 없는 곳

맘속에 묻어놓고 서성이는 골목
싸한 가슴 삭이려는데
원인 모를 눈물 앞섶을 적시네

2014년 4월19일 양지상회 내려놓고

풍선

욕심을 부풀려
힘껏 불어넣은
풍선 주머니

하늘로 날려
세상 구경 보내는데
공중에서 뻥

되돌아온 것은
갈기갈기 찢긴
상처만 남았네

창이 그립다

눈빛으로 느낄 수 있는 너와 나
남향집 아파트 거실 앞 베란다
파란 하늘 바라보며 안정 찾던
그 창가

안개 자욱한 봄 앞 동이 희미하고
장대비가 쏟아져도 빗소리 들리지 않고
대추나무 감나무 가을 향 내려놓던 곳
하얀 겨울날 네 바퀴 당번 서던 주차장

엄마들의 사랑방 놀이터에서 꼬마들
웃음소리 들으며 덧신발 사뿐히 걸어
베란다에 기대 씁싸래한 칡차 음미하는
그 창이 그립다

참새와 술래잡기

가을 편지 전해오는 들녘에서
높은 하늘에 서성이는 면화 구름도
가연 후문에 일렁이는 코스모스는
예년과 다름없이 피었는데

떨리듯 춤추는 고추잠자리
이 가을이 원망스럽지만
오곡 중에 가장 키가 큰 수수
잡곡 중에 제일 씨알 작은 조
쏟아지는 햇빛 눈이 부시어 겸손하게
고개 숙인 벼이삭 여물어갈 때

시도 때도 없이 날아드는 참새떼와
한 톨이라도 지키려는 주인
눈치 보며 잽싸게 배 채우려는
이것도 추억이 되려는 시간 싸움

화살같이 빠른 세월
추억도 흘러갈까 미루고 미루어
전하지 못한 마음 어린 짐승 날숨같이
떨며 소리 없이 흐르는 눈물
누가 볼까 손등으로 씻는다

2014 가을 수확

피와 땀의 노력으로 안겨주는 선물
씨를 뿌리면 이토록 풍성한 것인 줄
가을이 되고서야 알았습니다

서러움 극복하려고 괴로움 잊어보려고
공장 텃밭에 깨 콩 수수 팥 심었는데
가을이 되고서야 알았습니다

궂은 날도 마다치 않고 여물어가는
찐한 가을 향기 그들의 속삭임
식어가는 사업장 억장이 무너지는
순간에도 체념했지만

숨을 쉬기에 움직여야 했기에
이대로 생목숨 끊을 수 없기에
자존심 외면하고 노력한 결과를
가을이 되어서야 알았습니다

2014년 9월 19일 새벽 2~4시에

들국화

알싸한 바람 불어 서산에 기울어져가는 가을
된서리 올까 봐 좌불안석 떨고 있는 들국화

서로서로 감싸안는 발걸음 소리 버선발로 달려나가
작은 어깨 들먹이며 속내 털어놓고 눈물방울 흘릴 때쯤

구름을 비켜선 가을 햇살 살짝 얼굴 내밀며 보듬어주는
송이송이 무리 지은 가을 향기 뽐내는 들국화여

보고프고 그리워

어제의 화려한 일들도 아득한 옛일이 되었고
오늘 어지럽혀진 회사 눈 내리는 쓸쓸한 주차장

춥고 긴 겨울을 견뎌야 하는 살을 에이는 이 고통
왁자지껄 현장 누비던 직원들 보듬으며 격려해주던

보고프고 그리워 찬바람 눈발도 흐느끼는 날
휴게실 자판기 커피 뽑아 마시며 수다 떨고 싶다

섣달그믐

이 해의 마지막 밤으로의 물길인가
동구 밖 언덕배기 소 몰던 워낭으로
서성이는 물길인가

다시 오겠다고 향내 남긴 이녁의 실루엣
헛바람 약속인 줄 생각조차 못 했거늘
마른 풀꽃 타는 노을로 처마 밑 등불
마지막 별빛 타는 불꽃 다진 실바람아

한 해의 청사진 속절없이 저물고
이마저도 그리운 이제는 안녕이라
말할 수도 없는 섣달그믐 밤아

충주로 이사 오던 날

과거를 잊기 위해
미래를 담기 위해
새로운 길을 향해

어두웠던 그 자리
잊어버리고 싶어서
마음을 내려놓고
눈물을 머금고
앞만 보고 나가련다

어찌 어두운 과거만 있으랴만은
삶의 흔적 너무 아파서
불볕 더위 밀어내고
현실이 소중하기에

지평선 넘어가는
노을에서 인생 배워
새 마음 새 포대에 담고
그 향기 찾아가련다

2016년 8월 21일 13:44

옷을 벗는 여자는 울지 않는다

1판1쇄 : 2023년 9월 30일

지은이 : 이순희

펴낸이 : 김정현

펴낸곳 : 도서출판 gaon

주 소 : 경기도 유네스코문학창의도시 부천시 길주로 460, 1106호
          (춘의동, 센트럴뷰)

전 화 : 032-342-7164

팩 스 : 032-344-7164

E-mail : kjsh2007@hanmail.net

ⓒ 이순희 Printed in Korea

출판등록 : 2011. 7. 14
ISBN 979-11-90673-95-2(03810)
값 : 12,000원

무단 전재와 복제를 금합니다.
도서출판 가온은 농인聾人과 함께합니다.
잘못된 책은 본사나 서점에서 교환해드립니다.